AF235836

Kiel lieben lernen

Der perfekte Reiseführer für einen unvergesslichen Aufenthalt in Kiel inkl. Insider-Tipps

Mareike Raum

INHALT

Das erwartet Sie in diesem Buch

Kiel, im höchsten Norden Deutschlands, direkt an der Ostsee gelegen. Eine Stadt, in der die Mütze auch im Sommer ein trendiges Accessoire ist. Die Landeshauptstadt Schleswig-Holsteins, dem Bundesland, in dem die Menschen am glücklichsten sind. Ob das wohl an dem freundlichen „Moin" liegt, mit dem Kieler zu jeder Tageszeit grüßen? Finden Sie es heraus! Reisen Sie nach Kiel und bestaunen Sie den Hafen, schlendern Sie entlang der Kiellinie, begeben Sie sich auf die Spuren von Kiels Vergangenheit oder bummeln Sie durch die gemütlichen Gassen mit tollen Geschäften und familiären Cafés.

Kiel, die Stadt, in der zahlreiche Kreuzfahrtschiffe, so groß wie eine Hochhaussiedlung, neben kleinen Segelbooten mit Mitfahrgelegenheit, zu bestaunen sind. Doch nicht nur Schiffsliebhaber fühlen sich in Kiel wohl, sondern auch jeder, der offen für neue Einflüsse und nette Menschen ist. Probieren Sie die traditionellen Kieler Sprotten! Erleben Sie Kiel zur hoch kommunizierten „Kieler-Woche", die nicht nur für Segelfans ein einzigartiges Erlebnis ist, sondern zeitgleich auch das größte Sommerfest in Nordeuropa! Kiels Einzigartigkeit findet man nirgends auf der Welt als im hohen Norden Schleswig-Holsteins. Staunen Sie selbst!

Kiel – Die Stadt am Wasser

Kiel ist eine deutsche Hafenstadt an der Ostseeküste und zugleich die Landeshauptstadt des nördlichsten Bundeslandes, Schleswig-Holstein. Außerdem ist sie die am nördlichsten gelegene Großstadt in Deutschland. In den 30 Stadtteilen leben etwa 250000 Menschen auf einer Fläche von 119 Quadratkilometern. Kiel liegt in der gemäßigten Klimazone, was bedeutet, dass dort ein recht kühler, aber trotzdem milder Sommer mit Temperaturen um die 17 Grad

Celsius herrscht. Der Winter verläuft mild, mit Temperaturen um die zwei Grad Celsius.

Viele Studenten suchen sich Kiel als Ort zum Lernen aus. Die drei Universitäten und Hochschulen bieten vielfältige Studiengänge aus verschiedensten Gebieten an. Zu Ihnen zählen die Christian-Albrechts-Universität zu Kiel, die Fachhochschule Kiel und die Muthesius Kunsthochschule.

Auch auf dem Gebiet des Sports ist Kiel vielfältig vertreten. Fußballfans des ansässigen Vereins Holstein Kiel können bei ihrem Besuch das gleichnamige Stadion besuchen. Auch der THW-Kiel hat eine überregional bekannte Handballmannschaft in der Bundesliga, dessen Spieler man mit Glück bei einem Besuch der THW-Kiel-Sportstätten in Altenholz zu Gesicht bekommt.

Im Zentrum des Westufers liegt die wiederaufgebaute Kirche Sankt Nikolai aus der Zeit des Mittelalters. Besucher kommen gerne dorthin, um sich Konzerte des klassischen Genres anzuhören. Auch die bekannte Holstenstraße und die Dänische Straße liegen auf dem Westufer, parallel zur Kieler Förde, und laden zu einem Stadtbummel oder einer ausgiebigen Shopping-Tour ein.

Zwischen der Dänischen Straße und der Kieler Förde liegt das Kieler Schloss mit angrenzendem Schlossgarten. Diese Pracht ist immer einen Besuch wert und der Blick von dort auf die Ostsee und den Hafen sind einfach einmalig. Vom Schlossgarten aus fällt der Blick auf den Ostseekai. Hier legen Kreuzfahrtschiffe bekannter Redereien an und ab. Es ist immer wieder interessant, sich dieses Manöver anzuschauen. Direkt gegenüber, am Ostufer, ist Deutschlands Weltmarkt führende Werft ThyssenKrupp Marine Systems angesiedelt. Wenn nicht gerade ein Kreuzfahrtschiff die Sicht versperrt, ist es möglich, vom Schlossgarten hinüberzublicken. Die Ansiedlung der Werft sorgt für einen Aufschwung der Kieler Wirtschaft. Auch als Marinestützpunkt ist Kiel von hoher Bedeutung, dessen Tradition bis in die Geschichte zurückgeht.

Läuft man weiter in Richtung Bahnhof, gelangt man an die Terminals der Stena Line und der Color Linc. Diese Fähren bringen Passagiere nach Skandinavien und ins Baltikum. Am gegenüberliegenden Germaniahafen sind historische Segelschiffe zu bestaunen. Wer sich noch intensiver mit der Schifffahrt beschäftigen möchte, der sollte das Schifffahrtsmuseum besuchen. Es liegt in unmittelbarer Nähe des Kieler Schlosses, ebenfalls an der Kieler Förde, und zeigt Modellschiffe sowie Gemälde im maritimen Stil. Das Museum befindet sich in einer Fischauktionshalle, wodurch es einen einmaligen Charakter bekommt und allein deswegen schon einen Besuch wert ist. Begibt man sich weiter Richtung Norden, gelangt man an den Nord-Ostsee-Kanal. Kiel ist das Ziel der Wasserstraße und gilt als Tor zur Ostsee.

Wenn Sie während Ihres Aufenthaltes etwas stört, hat Kiel ein geniales Meldesystem eingerichtet. Über die „Melde.Möwe" haben Sie die Möglichkeit ein Problem oder etwas Unangenehmes zu melden, das Sie und andere in der Stadt stört. Die Stadt wird sich kümmern, damit Ihr Aufenthalt zu Ihrem schönsten wird.

„Holstenstadt tom kyle" – Kiels Vergangenheit

K iel wird im Jahre 1233 von Graf Adolf IV. von Holstein dort gegründet, wo heute der „Kleine Kiel" ist. Sie ist eine geplante Stadt, die früher den Namen „Holstenstadt tom kyle" trug. Dieser Name hat seinen Ursprung in der Form der Kieler Förde, die wie ein spitzer Keil ins Land dringt. Auf Satellitenbildern lässt sich dieses Phänomen erkennen, doch bei einer

Bootsfahrt in der Kieler Förde lässt sich spürbar erleben, wie das Kieler Ufer vor dem eigenen Auge immer kleiner wird.

Bis ins 19. Jahrhundert erlangt Kiel wenig Bedeutung, da es immer wieder von politischen Streitigkeiten geprägt ist. 1865 besetzt Preußen die Stadt, wodurch sich erstmals die Marine etabliert. 1871 erlangt Kiel die Stellung zum Reichskriegshafen, wodurch zahlreiche Werften und Marineeinrichtungen angesiedelt werden. Da diese Arbeiter benötigen, kommen viele Menschen nach Kiel und die Stadt wächst. 1918 zählt Kiel bereits 300000 Einwohner und gehört damit zu den größten Städten im Deutschen Kaiserreich. Im selben Jahr wird durch einen Matrosenaufstand die Kaiserzeit beendet, womit die Weimarer Republik beginnt. Man erwartet, dass sich die neugewonnene Demokratie positiv auf die Kieler Wirtschaft auswirkt. Doch im Gegensatz zu den Erwartungen der Menschen verschlechtert sich die wirtschaftliche Lage. Der verlorene Erste Weltkrieg ist ausschlaggebend für die Absiedelung der Kieler Marine.

In den fortschreitenden Jahren besetzen die Nationalsozialisten die Stadt, welche sie im

Zweiten Weltkrieg zum Militär- und Rüstungsstandort ernennen. Das erzeugt einen erneuten wirtschaftlichen Aufschwung der Stadt. Trotz der Hoffnung auf ein beständiges Wachstum der Kieler Wirtschaft entwickelt sich bald ein negativer Trend. Ausschlaggebend dafür sind 90 Bombenangriffe von Alliierten, die drei Viertel der Stadt zerstören.

1946 wird Kiel zur Landeshauptstadt von Schleswig-Holstein ernannt, was sowohl einen kulturellen als auch wirtschaftlichen Aufstieg bewirkt. Die international anerkannte Marine gilt als wichtiger Bestandteil der Stadt Kiel. Die Wirtschaft boomt durch den Hafen mit zahlreichen Werften, Fähr-, Fracht- und Kreuzfahrtterminals. Viele internationale Seeflotten legen im Kieler Hafen an und ab, die nicht nur dort von vielen Touristen bestaunt werden, sondern auch ihren Weg auf der Kieler Förde entlang der Küstenpromenaden und Sandstrände, vorbei an Kiels Naherholungsgebieten, finden.

Ihr Weg nach Kiel

ANREISE

E gal, ob Kiel bei Ihnen direkt um die Ecke liegt oder Sie einen weiten Weg auf sich nehmen, um das Kieler Flair zu erleben, durch die vielseitigen Verkehrsanbindungen kann jeder die für sich am besten geeignete Anreise wählen.

Die Anreise mit dem **Auto** ist flexibel und entspannt. Die Autobahn A215 bringt Sie von Süd-Westen aus bis an den Stadtrand heran. So stehen Ihnen keine langen Wege über Landstraßen bevor. In der Stadt selbst gibt es zahlreiche Parkmöglichkeiten über die gesamte Stadt verteilt. Wählen Sie selbst, ob Sie im Parkhaus dicht an ihrer ersten Attraktion des Tages parken oder sich doch lieber für

den Außenstellplatz entscheiden. Der Kieler Stadt-
verkehr ist im Gegensatz zu anderen Städten entspannt und gut fahrbar.

Wer sich lieber fahren lassen möchte, der
sollte die Anreise mit der **Bahn** wählen. Der Kieler Bahnhof befindet sich zentral in der Stadt gelegen, gegenüber vom Einkaufszentrum Sophienhof, so dass die Sightseeing-Tour direkt an der
Holstenstraße starten kann. Auch wenn der Kieler
Bahnhof auf den ersten Blick sehr klein wirkt, ist
er der zweitgrößte Bahnhof Schleswig-Holsteins
und wird mehrmals täglich von vielen Regional-
und Fernzügen erreicht. Auch Ihre Weiterfahrt ab
dem Bahnhof zum Hotel oder Sightseeing ist gesi-
chert. Treten Sie aus dem Bahnhof heraus und suchen Sie sich Ihre liebste Mitfahrgelegenheit aus
(für weitere Informationen lesen Sie das Kapitel
„Fortbewegung und Sightseeing").

Wer einen weiteren Weg auf sich nimmt, um
Kiels Schönheit zu erleben, der sollte mit dem
Flugzeug anreisen. Als Zielort gilt der Flughafen
Hamburg. Von hier können Sie bequem in den
Shuttlebus namens „Kielius" einsteigen, der Sie in-
nerhalb von 90 Minuten in Schleswig-Holsteins
Landeshauptstadt fährt. Der Bus endet ebenfalls

am Kieler Hauptbahnhof. Kiel verfügt zwar über einen Flughafen, dieser ist jedoch nicht zum Transport von Touristen ausgelegt. Lediglich Geschäftsreisende bekommen die Möglichkeit, hier anzukommen und zurückzufliegen. Des Weiteren dient der Flughafen als Flugschule.

Für Reisende aus Skandinavien bietet sich eine Anreise mit den **Fährschiffen** an, die täglich im Kieler Hafen anlegen. Von Oslo und Göteborg aus kann die Anreise an Bord der Color Line oder der Stena Line erfolgen. So bekommen Sie schon bei Ihrer Reise das maritime Flair und den einmaligen Anblick der Kieler Förde zu Gesicht.

FORTBEWEGUNG UND SIGHTSEEING

Kiel hat viele verschiedene Fortbewegungsmittel zu bieten, bei denen für jeden etwas dabei ist, egal, ob sportlich aktiv oder gemütlich, ob Sonne oder Regen, jeder kommt hier auf seinen Geschmack. Gerade erst angekommen oder schon viel von der Stadt gesehen, die Kieler Fortbewegungsmittel bringen Sie zu jedem Wunschort.

Ein Muss bei Ihrem Städtetrip durch Kiel ist eine Fahrt auf der Ostsee. Diese können Sie ganz bequem mit der Fahrt zu Ihrer Unterkunft verbinden. Direkt am Bahnhof befindet sich eine Anlegestelle der **Förde-Fährlinie Linie F1**, die von März bis Oktober zwischen Kiel und Laboe verkehrt. Im Sommer gelangen Sie sogar bis in die nördlich gelegene Ortschaft Strande. Auch in Kiel selbst gibt es mehrere Anleger. Die Fähre ist eine tolle Möglichkeit, um erste Seeluft zu schnuppern und auf entspanntem und faszinierendem Weg zur Unterkunft oder zur nächsten Attraktion zu gelangen.

Die **Busse** der KVG – Kieler Verkehrsgesellschaft mbH – verkehren über weite Räume Kiels und Umgebung. Somit sind sie ebenfalls ein gutes Mittel, um auf schnellem Weg von einem Ort zum anderen zu kommen. Die Busse verkehren oft, wodurch es nur zu geringen Wartezeiten kommt. Sie sind nicht nur ein gutes Mittel, um vom West- ans Ostufer zu kommen oder vom Stadtkern an die Kiellinie, sondern auch, um über den Nord-Ostsee-Kanal hinaus bis an die außerhalb von Kiel liegenden Naherholungsgebiete wie Laboe, Strande oder Falckenstein zu gelangen.

Wer wenig Gepäck dabei hat oder einfach gerne aktiv unterwegs ist und sich die Ostseeluft um die Nase wehen lassen möchte, der kann sich eine **SprottenFlotte** mieten. Das ist ein Bikesharing-System, mit dem Sie nicht nur Touren in Kiel, sondern auch bis nach Eckernförde und Plön unternehmen können. Die Sprottenflotte ist ein tolles und günstiges Angebot, um sich den Stress des Transportes des eigenen Fahrrads in vollen Zügen und Bussen zu sparen. Doch das Bikesharing-System ist nicht nur kostengünstig, sondern auch nachhaltig und umweltfreundlich.

Sie öffnen ganz einfach www.sprotten-flotte.de auf Ihrem Smartphone oder laden die nextbike-App herunter und melden sich an. Auch eine Anmeldung über die Hotline ist möglich. Anschließend scannen Sie den QR-Code, der am Fahrrad angebracht ist, geben die Nummer des Rades an und los geht es. Die erste halbe Stunde fahren Sie kostenlos. Das ist ein tolles nachhaltiges und günstiges Angebot, wenn der Weg zu Ihrem nächsten Ausflugsziel nicht allzu weit ist. Wenn Sie einen längeren Weg vor sich haben, kostet Sie jede weitere halbe Stunde 1 Euro. Mehr als 9 Euro kostet Sie die Miete für einen Tag jedoch nicht.

Auch E-Bikes oder Lastenräder, die für den Transport von Gepäck oder Einkäufen geeignet sind, können für einen kleinen Aufpreis gemietet werden. Stationen zum Ausleihen und Abgeben der Räder befinden sich in der Stadt Kiel und ihrer Umgebung verteilt.

Wer die Stadt doch lieber vom Bus aus erkunden und dabei nicht die berühmten Sehenswürdigkeiten verpassen möchte, der sollte den **Hop-On-Hop-Off-Bus** nutzen. Bestimmt sind Ihnen die roten, Cabrio ähnlichen Busse bereits aus anderen Städten bekannt. Sie bieten Stadtrundfahrten mit Live-Kommentar auf Deutsch oder über Kopfhörer in anderen Sprachen an. Die Tour führt vorbei an allen Sehenswürdigkeiten, die Sie auf einem Städtetrip in Kiel gesehen haben müssen, wie zum Beispiel den Kieler Hafen mit den Fährterminals, die sehenswerte Kiellinie, den Nord-Ostsee-Kanal, das Holstein-Kiel-Stadion als Attraktion für alle Fußballfans, die Christian-Albrechts-Universität und das Rathaus. Eine Rundfahrt dauert etwa eine Stunde und enthält acht Stopps. Ihr Ticket kaufen Sie einmalig mit einer Gültigkeit von 24 Stunden, egal, wie oft Sie ein- und aussteigen oder ob Sie die ganze Fahrt sitzen bleiben. Dieser Bus bietet

Ihnen ein 360-Grad-Panorama, bei gutem Wetter sogar mit offenem Verdeck, und einen einzigartigen Blick über die Stadt aus 4 Metern Höhe. Auch in der Nacht sind diese Fahrten sehr attraktiv. Innerhalb von 1,5 Stunden fahren Sie vorbei an Kiels beeindruckenden Lichterspielen, wie zum Beispiel dem Hafen, Kiels Brücken und dem Holtenauer Leuchtturm. Der Hop-On-Hop-Off-Bus ist eine tolle Möglichkeit, um Kiels Attraktionen nicht zu verpassen und neue interessante Informationen mit tollen Erinnerungen mit nach Hause zu nehmen.

Gourmet-Erlebnisse

REGIONALES ESSEN FÜR SELBSTVERSORGER

Wer sich auf seinem Städtetrip selbst versorgen oder einfach regionale Produkte von der Ostseeküste mit nach Hause nehmen möchte, der wird von Montag bis Samstag auf den **Kieler Wochenmärkten** fündig. Insgesamt zählt Kiel elf Wochenmärkte an verschiedenen Standorten und Tagen. Der größte Markt befindet sich mittwochs und samstags auf dem Exerzierplatz. Vom Bahnhof ist dieser in nur zwölf Minuten fußläufig zu erreichen. Dort angekommen, erwartet Sie ein kleines Dorf mit insgesamt 100 Ständen. Die Atmosphäre ist sehr familiär und man findet alles, was das Herz begehrt, von Obst und Gemüse über Milchprodukte bis hin zu Fleisch. Außerdem gibt es, wie auf einem Markt an der Ostsee zu erwarten ist, frischen Fisch. Aber schauen Sie doch einmal selbst! Oft gibt es neben den Klassikern noch ein weiteres vielfältiges Angebot. Hier können Sie sich darauf verlassen: Die Produkte, die Sie kaufen, sind saisonal und regional!

Wem das Fischangebot auf den Wochenmärkten nicht gereicht hat, der kann sich auf den Weg nach Möltenort machen. Auf schnellstem Weg gelangen Sie mit der Fähre oder den Bussen der Linien 14, 15 oder 104 dorthin. Dort angekommen, warten an mehreren Tagen Fischer am Hafen, von welchen Sie fangfrischen **Fisch vom Kutter** kaufen können. Ihr Vorteil: Der Fisch ist saisonal und regional. Außerdem sind die Bedingungen fair und das Fischen sowie der Kauf nachhaltig. Fischer Peter Christoph des Kutters SK 30 finden Sie morgens alle zwei Tage am Fischereikai in Möltenort. Er verkauft Butt und Dorsch, saisonal im Frühjahr auch Hering.

Björn Fischer vom Kutter SK 14 ist nur am Wochenende in Möltenort zu finden. Unter der Woche ist er in Richtung Bornholm unterwegs, um dort seine Fische zu fangen. Sie haben die Möglichkeit, Teil seines Informationssystems zu werden, um per E-Mail über das fangfrische Angebot und die Ankunftszeit des Kutters informiert zu werden. Der Fischereihafen ist ein Einkaufsparadies für alle, die gerne frisch und gesund kochen, egal, ob in kleinen Mengen für Einheimische und Gäste oder in großen für Gastronomen. Jeder, der Fisch liebt, kommt hier auf seine Kosten!

DIE TOP 3 CAFÉS IN KIEL

Egal, ob nach einem ereignisreichen Tag die Lust auf einen Kaffee groß ist oder morgens das Bedürfnis nach einem reichhaltigen Frühstück besteht, in den Kieler Cafés findet jeder etwas und es ist total gemütlich. Einfach zum Wohlfühlen!

Top 1: Café Resonanz
Das Café Resonanz befindet sich im Herzen Kiels und in unmittelbarer Nähe zum Schrevenpark. Egal, ob zum Frühstück oder Brunch, auf einen

Kaffee und ein Stück Kuchen, im Resonanz wird jeder fündig. Auch wenn der Tag mal etwas später startet, hier ist es nie zu spät für ein Frühstück! Das sogenannte Spätstück ist noch bis 19 Uhr erhältlich! Auch Veganer finden hier eine große herzhafte, aber auch süße Auswahl. Das nette Personal steht Ihnen bei Fragen gerne zur Verfügung. Die Atmosphäre in diesem gemütlichen Shabby-Chic-Café ist einfach toll und bei gutem Wetter lädt der angrenzende Rosengarten mit Sitzgelegenheiten zum Verweilen ein. Hier kann man sich einfach nur wohlfühlen!

Café Resonanz finden Sie hier:
Mittelstraße 23, 24103 Kiel

Top 2: Café Hilda
Das Café Hilda, in der Nähe der Muthesius Kunsthochschule gelegen, lockt die Gäste mit Kaffee aus der eigenen Rösterei „Kopiton". Doch neben leckerem Kaffee gibt es hier auch ein reichhaltiges Angebot an Frühstück, Kuchen und kleinen Snacks für zwischendurch. Egal, ob bei gutem oder schlechtem Wetter, das Café Hilda lädt immer zum Schlemmen ein. Im Innenraum des Cafés lassen sich Bilder an den Wänden bestaunen, die Kiel

aus früheren Zeiten zeigen. Beispielsweise lässt sich die ehemalige Straßenbahn von Kiel oder das Hindenburg Ufer begutachten. Die Bilder zeigen Ihnen nicht nur einen Teil von Kiels Geschichte, sondern liefern gleichzeitig Gesprächsstoff für Ihren Aufenthalt. Wer Lust auf frische Luft hat, kann einmal die wenig befahrene Straße überqueren und sich ein gemütliches Plätzchen auf der Terrasse aussuchen.

Café Hilda finden Sie hier:

Jägersberg 5, 24103 Kiel

Top 3: Loppo Kaffee

Das Café Loppo Kaffee lädt zum Verweilen ein. Sie haben die Möglichkeit, aus sechs verschiedenen Kaffee-Sorten zu wählen, von denen manche aus der eigenen Rösterei stammen. Der loftartige Aufbau vereint im Erdgeschoss die Möglichkeit zur Beobachtung des Stadttrubels mit einem ruhigen Rückzugsort im oberen Stockwerk. Das Café hat ebenfalls viele spannende Angebote zu bieten: Sie können an Kaffee-Verkostungen teilnehmen, das Homebrewing erlernen oder an einem Barista-Kurs teilnehmen. Ein weiteres Alleinstellungsmerkmal ist das Kaffeefahrrad. Das finden Sie immer montags und donnerstags auf dem Wochenmarkt am Blücherplatz und mittwochs und samstags auf dem Wochenmarkt am Exerzierplatz. Hier können Sie nicht nur leckere Kaffeespezialitäten genießen, sondern auch den Kaffee aus der eigenen Rösterei kaufen und als Souvenir mit nach Hause nehmen. So lässt sich der Urlaub auch noch zu Hause schmecken.

Hier ist Loppo Kaffee zu finden:

Grasweg 8, 24118 Kiel

Die Kieler Woche – Ein MUSS in Kiel

Die Kieler Woche ist das Ereignis im Jahr. So viele Besucher wie zu diesem Event finden zu anderen Zeiten im Jahr nie den Weg nach Kiel. Die Festwoche findet immer im Juni statt und endet mit dem letzten Sonntag des Monats. Der Ursprung der Kieler Woche liegt im Jahre 1882. Am 23. Juli des Jahres trafen sich 20 Yachten aus Kiel und Hamburg zur ersten großen Regatta. Der erste Besuch des Kaisers Wilhelm II. einer solchen Regatta erfolgte 1889. Seitdem ist die Kieler Woche ein Event, in dessen Mittelpunkt auch heute noch Segelregatten stehen. Hier treffen sich Weltelite und Freizeitsegler, um bei Segelwettbewerben zu testen, wer der Bessere von ihnen ist. Besucher haben hier sogar die Möglichkeit, selbst dabei zu sein und als Begleiter auf den Schiffen mitzufahren.

Das ist nicht nur ein einzigartiges Erlebnis, sondern auch eine schöne Erinnerung. Um das Segelevent herum hat sich ein Festprogramm etabliert, das auch Menschen anlockt, die mit dem Wassersport eher weniger am Hut haben. Bei der Auswahl der Festakte wird Wert auf regionale und nachhaltige Darbietungen gelegt. Auf mehreren kleinen Bühnen treten lokale Gruppen oder Poetry Slammer auf. Für die Verpflegung während der Unterhaltung sorgen Foodtrucks mit einem reichhaltigen Angebot an Essen und Trinken.

Die Hauptattraktion ist die Windjammerparade am letzten Samstag der Woche. Viele Hundert Schiffe jeglicher Art nehmen an dieser gemeinschaftlichen Parade teil. Das sollten Sie sich definitiv nicht entgehen lassen! Außerdem kommen jedes Jahr Marine- und Segelschulschiffe aus dem Ausland, um in Kiel festzumachen. Sie bieten auf ihren Schiffen Führungen für Besucher an, die auch für die kleinen Gäste interessant sind. Beendet wird die Kieler Woche mit dem „Sternenzauber". Das ist ein traditionelles Feuerwerk über den Dächern Kiels, welches einen tollen Abschluss einer ereignisreichen Woche bietet.

Wer Abstand von dem herrschenden Trubel der Kieler Woche nehmen möchte, das Spektakel jedoch nicht verpassen will, der kann hinauf auf die 67 Meter hohe Aussichtsplattform des Rathausturms fahren. Von dort oben hat man einen tollen Panoramablick über Kiels Innenstadt und die Kieler Förde, wo die Segelregatten stattfinden. Wer es jedoch etwas individueller mag, kann sich einen Helikopterflug buchen und so den einzigartigen Blick über Kiels Land- und Wassergebiete genießen. Wann hat man schon einmal die Möglichkeit, Kiel aus der Sicht eines Vogels zu erleben?

Als Highlight Ihres Aufenthaltes können Sie eine Übernachtung auf dem Schiff eines Traditionsseglers buchen. Das ist für solche, die es nicht kennen, ein einmaliges Erlebnis.

Die erholsamsten Stände

D ie Kieler Förde unterteilt die Stadt in West- und Ostufer. Das erhöht nicht nur die Zahl von Kiels Stränden, sondern verschafft diesen jeweils einen unterschiedlichen Charakter. Während die Sonne an den Stränden des Westufers früher verschwindet, kann am Ostufer der Sonnenuntergang beobachtet werden, der einen krönenden Abschluss für einen tollen Strandtag bietet. Kiels Strände sind alle leicht und schnell zu erreichen. Mit dem Bus gelangt man in 30 Minuten zu fast allen Stränden Ihrer Wahl. Mit der Fähre oder dem Fahrrad dauert die Anfahrt etwas länger, dafür ist diese umso schöner, da Sie das Meer förmlich riechen können.

Einer der schönsten Strände befindet sich in **Mönkeberg.** Dieser ist mit dem Bus der Linie 15 oder der Fähre zu erreichen. Auch eine Anreise mit dem Auto ist möglich. Sie können Ihr Auto auf den Parkplätzen in Strandnähe abstellen.

Der Strand von Mönkeberg lässt sich in zwei Teile unterteilen, die von dem Fähranleger abgegrenzt werden. Auf der einen Seite befindet sich eher flaches Wasser. Dies ist besonders gut für Kinder geeignet und bei Familien sehr beliebt. Auf der anderen Seite findet man tieferes Wasser, welches sich perfekt zum Schwimmen eignet. Insgesamt ist der Strand mit einer Länge von 300 Metern nicht sehr groß, dafür aber gemütlich. Der feine Sandstrand lädt zu kleinen Spaziergängen ein. Wer einen größeren Spaziergang machen möchte, der sollte den angrenzenden Fördewanderweg wählen. An der Promenade befinden sich kleine Bistros zur Stärkung nach einer Wanderung oder für einen kleinen Snack am Strandtag. Das Fährhaus Zantopps bietet Ihnen die Möglichkeit, in Strandkörben Platz zu nehmen und sich ein hausgemachtes Eis oder einen kleinen Snack schmecken zu lassen. Vom Strand aus lassen sich prima die vorbeifahrenden Segelboote beobachten, die für Klein und Groß immer wieder interessant sind und mit staunenden Augen betrachtet werden. Eine noch bessere Sicht hat man von der Seebrücke, die vom Strand aus über das Meer hinweg ragt. Hier auf dem am Ostufer gelegenen Strand haben Sie unverbaute Sicht auf den Sonnenuntergang über dem Westufer.

Der **Falkensteiner Strand** ist ein einzigartiges Naherholungsgebiet auf dem Westufer und wird von vielen KielerInnen als ihr liebster Strand betitelt. Er zeichnet sich durch seine Nähe zur Natur und seine unverbaute Umgebung aus. Nur oberhalb des Strandes befinden sich vereinzelt kleine Häuschen mit gastronomischen Angeboten, die den natürlichen Anblick der Umgebung aber nicht stören. Hier fahren die großen Kreuzfahrtschiffe und Fähren so dicht an Ihnen vorbei wie sonst nirgendwo. Außerdem kommt es hier durch die Nähe zum Nord-Ostsee-Kanal zu einem besonders hohen Schiffsaufkommen. Anreisen sind auch hier sowohl mit der Fähre, dem PKW oder den Bussen der Linien 30S, 90S, 92S und 502 möglich.

Mit insgesamt knapp drei Kilometern Länge zählt er zu den längsten Badestränden Kiels. Er teilt sich auf in 1860 Meter Badestrand, welcher von Wasserwacht und DLRG beaufsichtigt wird, 660 Meter Strand ohne Aufsicht und 300 Meter Hundestrand. Direkt an den Strand grenzt ein Campingplatz, sodass auch einem Urlaub mitten in der Natur nichts im Weg steht.

Der Leuchtturm Friedrichsort liegt auf einer kleinen Insel vor dem Falkensteiner Strand. Der grün-weiße Turm ist bereits von der Kiellinie aus zu erkennen. Durch die Naturbelassenheit lassen sich viele verschiedene Pflanzen und Dünengewächse am Deich beobachten. Die Vielfalt hier ist ein Muss für jeden Naturliebhaber und auch für jeden, der es noch nicht ist, beeindruckend anzusehen.

Der flachc, fcin sandigc Strand ist mit seinem Steg auch für Rollstuhlfahrer geeignet. Wer möchte, kann sich vor Ort einen Strandrollstuhl ausleihen. Die Leihstelle befindet sich am Hauptturm der Wasserwacht.

Auch Wassersportliebhaber kommen hier auf ihre Kosten. Der Falkensteiner Strand ist ein beliebter Tauchplatz, da hier Meerestiefen von über 15 Meter erreicht werden. Diese zum Tauchen geeigneten Meerestiefen gibt es in der Kieler Förde nicht oft. Der ansässige Tauchverein „Submarine" ist offen für Profis und solche, die es werden wollen. Die Surfschule „Westwind" bietet Kurse zum Windsurfen an und auch das Katamaransegeln ist hier eine beliebte Sportart. Wer sich lieber an Land auspowern möchte und dabei nicht auf die Nähe zu Strand und Wasser verzichten möchte, der hat die Möglichkeit, im Hochseilgarten „High Spirits" spannende Parcours zu erklimmen, auf dem Minigolfplatz einzulochen oder den Abenteuerspielplatz zu entdecken. Das Restaurant „Deichperle" lädt nach einem ereignisreichen Tag zu einem Fischbrötchen ein oder Sie genießen ein leckeres Eis der Eisdiele „Eis von Neitsch" in der Nachmittagssonne. Von Schoko- bis Fruchteis findet hier jeder seine Lieblingssorte.

Laboe, auf dem Ostufer und etwa zehn Kilometer von Kiel entfernt gelegen, verfügt über einen kostenpflichtigen Kurstrand und einen Freistrand.

Der Kurstrand ist einen Kilometer lang und besteht aus feinstem Sand. Von April bis September haben Sie hier die Möglichkeit, Ihren persönlichen Strandkorb zu mieten. Für Ihre Sicherheit in der Badezeit des Jahres sorgt die DRK-Wasserwacht. Der Strand ist für jeden geeignet: Kinder, Jugendliche und Sportbegeisterte. Der flach abfallende Meeresgrund ist perfekt geeignet für Kinder und auch die einzelnen Spielgeräte laden zu einem Abenteuer ein. Der Sportstrand verfügt über verschiedene Angebote für Wasser- und Strandsportarten wie Kitesurfen, Jollensegeln oder Beachvolleyball.

Der Freistrand ist 400 Meter lang und befindet sich am Ursprungspunkt der Kieler Förde. Es ist ein natürlicher, flach abfallender Sandstrand. Der Meeresboden ist hier mit Steinen und Sand gemischt. Das Restaurant „Strandklause" ist ein toller Abschluss für einen ereignisreichen Tag.

In naher Umgebung des Freistrandes befindet sich ein Hundestrand, der durch seinen ebenen Charakter perfekt für Hunde geeignet ist.

Die Laboer Strandpromenade führt am Strand entlang und vorbei an kleinen Geschäften und Bistros. Auch Spaziergänge zur Erkundung der

Dünenlandschaft sind erlaubt. Hier wohnen zahlreiche Vogel- und Pflanzenarten, die Sie aus nächster Nähe betrachten können. Von Laboe aus haben Sie täglich Sicht auf die ein- und ausfahrenden Segel-, Kreuzfahrt- und Containerschiffe. Hier haben Sie die Möglichkeit, im Strandkorb zu sitzen und die Aussicht zu genießen. Bei schlechtem Wetter lädt das Meerwasserschwimmbad zu einem Besuch ein. Das Meerwasser, in dem Sie schwimmen, besteht hier aus reinem Ostseewasser.

Der Strand in **Schilksee** kommt Ihnen vielleicht bekannt vor. Hier wurden 1972 die Olympischen Spiele der Segelsportarten ausgetragen. In dem Olympiahafen sind heutzutage viele Segelschiffe zu beobachten. Die Anfahrt ist per Bus, Fähre oder Auto, mit Parkplatz am Olympiazentrum, möglich. Besonders hervorzuheben ist allerdings die Anfahrt mit dem Fahrrad. Sie fahren am Westufer entlang und überqueren den Nord-Ostsee-Kanal, von wo aus Sie eine tolle Aussicht über die Kieler Förde und ihre Umgebung haben.

Der 830 Meter lange Sandstrand wird für Ihre Sicherheit überwacht. Weiter weg befindet sich ein 370 Meter langer FKK-Strand. Wer Lust auf etwas Aktives hat, kann sich ein Tretboot mieten. Für Personen, die es lieber etwas ruhiger mögen, stehen Strandkörbe zur Verfügung. Durch die ausgezeichnete Lage ist das Wasser hier besonders ruhig, wodurch das Tretbootfahren möglich wird. Auch für Familien mit Kindern bietet das ruhige Wasser eine tolle Möglichkeit für erste Schwimmerfahrungen. Über das ganze Jahr hinweg lassen sich hier die vorbeifahrenden Schiffe beobachten. Doch besonders zur Kieler Woche im Juni haben Sie hier die beste Sicht auf die vielen Segelboote. Schilksee ist ein toller Startpunkt für Segelausflüge oder -urlaube. An kalten Tagen können Sie in das Meerwasserschwimmbad in der Olympiahalle gehen, dass auch für die kleinen Besucher ein Kinderschwimmbecken bereithält.

Für gastronomische Erlebnisse wählen Sie das Restaurant „Panorama 26", welches Strandkorbvermietung und Restaurant zugleich ist, oder das Bistro „Goldfisch", wo es die leckersten Fischbrötchen gibt.

REGELN AM STRAND

An Kiels Stränden gibt es Regeln, die nicht nur zu Ihrem, sondern auch zu dem Wohlbefinden Ihrer Mitmenschen beitragen. Damit jeder eine erholsame Zeit an Kiels Stränden verbringen kann, bitten wir Sie, sich an folgende Regeln zu halten:

1. Bitte halten Sie Ihren Platz sauber, nehmen Sie Ihren Müll mit und entsorgen Sie diesen in den umliegenden Abfallbehältern.

2. Pferde und Hunde dürfen ausschließlich an dem ausgewiesenen Tierstrand mitgeführt werden. Dieser liegt zwischen Schilksee und Falkenstein und ist von April bis Oktober geöffnet.

3. Das Grillen ist nur an dafür ausgewiesenen Stellen erlaubt. Damit schützen Sie Ihre Mitmenschen vor Verbrennungen und die umliegende Vegetation vor Verschmutzung und Brandgefahr.

4. Das (Ab-) Spielen von Musik jeglicher Art ist aus Schutz der Ruhe untersagt.

5. Das Parken und Befahren von Stränden ist verboten. Bitte parken Sie Ihre Autos auf den gekennzeichneten Parkplätzen.

6. Am Strand in Schilksee sind Lenkdrachen, Ballons sowie Paragliding, zum Schutz der Uferschwalben, verboten.

Bitte helfen auch Sie mit, die Vegetation, den Lebensraum der Tiere und Ihre Mitmenschen zu schützen, damit Kiels Strände auch in Zukunft noch in derselben Pracht erstrahlen, wie Sie diese heute vorfinden.

Die schönsten Parks

Die Stadt Kiel verfügt über viele, wunderschöne Parks, die neben dem Stadttrubel einen Ort bieten, um zur Ruhe zu kommen, spazieren zu gehen oder sich mit Freunden und Verwandten zu treffen.

Der **Schrevenpark** glänzt mit seiner ausgezeichneten Lage abseits von Hauptstraßen, wodurch er besonders ruhig ist. Es ist ein Park, in dem man selten alleine ist, da einem immer Spaziergänger über den Weg laufen. Bei gutem Wetter werden die vielen Grünflächen zum

Entspannen und Verweilen mit Freunden genutzt, was den Park zwar füllt, aber nie zu einem lauten Ort verwandelt. Außerdem ist der Park besonders sauber, weshalb man sich dort einfach nur wohlfühlen kann.

Im Zentrum des Parks liegt ein Teich, der Heimat von vielen verschiedenartigen Wasservögeln ist. Diese kann man hier prima bestaunen. Auch für die kleinen Besucher ist dies immer wieder ein aufregendes Ereignis. Das Füttern der Tiere ist jedoch verboten. Wenn sich die Vögel einmal verstecken oder das Interesse der Kleinen nicht mehr so groß ist, gibt es die Möglichkeit, auf den Spielplatz zu gehen. Dieser befindet sich in einer schattigen Ecke des Parks in freier Natur unter Bäumen.

Für Hundehalter gibt es im Park einen abgegrenzten Bereich, in dem sich Hunde und Gassigeher zum Spielen verabreden. Gönnen Sie Ihrem Hund ein paar Minuten, um sich auszupowern und mit anderen Hunden zu spielen. Hierhin hat sich schon so mancher Hund eigenständig verirrt, weil es dort so schön ist.

Auch ein Boule-Areal ist im Park integriert. Hier gibt es nicht nur die Möglichkeit, selbst zu spielen, sondern auch dem Kieler Boule-Milieu bei einem Spiel zuzusehen. Es ist toll, sich Tipps abzuholen, Tricks abzuschauen oder einfach das Interesse für eine neue Sportart zu wecken.

Wer es etwas ruhiger angehen lassen möchte, der kann sich ein nettes Plätzchen auf einer der zahlreichen Liegewiesen suchen und Sonne tanken. Mit nicht allzu viel Glück kommt eine Entenfamilie vorbeigewandert. Auch das Grillen mit Freunden ist hier in den gekennzeichneten Bereichen erlaubt, sodass einem gemütlichen Abend nichts im Weg steht. Wer sich nicht selbst verpflegen möchte, kann zum „Castello" gehen. Der Imbiss befindet sich am Eingang Richtung Osten des Parks und hält ein breites Angebot an Speisen und Getränken bereit. Sitzmöglichkeiten gibt es draußen vor dem Gebäude mit Blick in den Park.

Spaziergänge auf den sich durch den Park schlängelnden Wegen, vorbei an blühenden Blumenfeldern und Statuen, tun einfach gut, um zur Ruhe zu kommen. Zahlreiche Bänke an verschiedensten Orten des Parks laden zum Verweilen oder Lesen eines schönen Buches ein. Egal, auf welche Bank man sich setzt, von jeder hat man einen anderen, aber ausgezeichneten Blick über den Park.

Die **Forstbaumschule** befindet sich im nördlichen Teil des Westufers und zählt zu den ältesten Parks in Kiel. Seine Parkanlage erinnert an einen englischen Landschaftsgarten. Einmalig sind die Bäume, denn hier finden Sie solche, die nicht typisch für die mitteleuropäische Lage sind. Bestaunen Sie die Mammutbäume und die nordamerikanischen Eichen, denn hier bekommen Sie diese in freier Natur zu sehen.

Wenn Sie vom Düvelsbeker Weg in den Park hineingehen, können Sie zunächst den verwunschenen Wald auf sich wirken lassen und die Natur genießen. Gehen Sie entlang der gewundenen Wege Richtung Kieler Förde, bis Sie in einen hellen Bereich des Parks kommen, dessen Helligkeit aufgrund der nicht vorhandenen Bäume an dieser Stelle zu erklären ist. Wie durch ein Fenster haben Sie einen einzigartigen Blick über die Kieler Förde, welcher sich auf den davorstehenden Bänken besonders genießen lässt.

Am Düvelsbeker Weg befindet sich das Restaurant „Forstbaumschule", von wo aus Sie einen tollen Blick auf den Park haben. Der traditionelle Biergarten lädt zu einem Essen nach entspannten Stunden im Park ein. Fühlen Sie sich im Norden

Deutschlands einmal wie in Bayern und genießen Sie Frühstück, Mittag- oder Abendessen. Auf Wunsch erhalten Sie auch gerne vegetarische oder vegane Speisen. Wie in Bayern üblich, finden auch hier Konzerte, Vorträge oder Übertragungen von Sportevents statt.

Die Forstbaumschule ist ein eher ruhiger Park mit wenig Trubel. Menschen suchen sich diesen Park aus, um spazieren zu gehen oder Yoga in freier Natur zu machen.

Der **Hiroshimapark** befindet sich mitten in der Stadt und ist trotzdem sehr ruhig. Der Name geht auf den 06. August 1945 zurück, als eine Atombombe Hiroshima in Japan traf. Durch seine einmalige Lage hat man einen tollen Blick auf das benachbarte Rathaus und den gegenüberliegenden Kleinen Kiel. Der Steg über dem Teich lädt zum Schlendern ein und wenn man Glück hat, kann man hier ein Hochzeitspaar beim Fotoshooting beobachten. Auch der Jeppe-Hein-Brunnen schafft einen schönen Anblick und dient als toller Fotohintergrund. Weitere Denkmäler, die Sie hier finden, sind das Bismarck-Denkmal und der Gedenkstein für Sinti und Roma.

Der **Schlossgarten** ist ein Park, direkt an der Kieler Förde, der durch seine einzigartige Lage Blick auf das Meer bietet. Wie der Name bereits vermuten lässt, befindet sich das Kieler Schloss südlich des Parks. In unmittelbarer Nähe liegt die Kunsthalle Kiel, welche einen Skulpturengarten im Schlossgarten erschaffen hat, wo viele verschiedene Werke zu betrachten sind. Zwischen den prachtvollen Blumenanlagen und bunten Blühwiesen laden auf drei Hektar Fläche Bänke zum Verweilen ein. Wenn Sie Glück haben, sehen Sie eines der zahlreichen Kreuzfahrtschiffe, die täglich im nahegelegenen Ostseekai in Kiel ein- und abfahren. Besuchen Sie das Kriegerdenkmal der im Deutsch-Französischen Krieg gefallenen Bürger oder das Gefallenen-Ehrenmal, welches die Christian-Albrechts-Universität zu Kiel zum Gedenken an die Studierenden und Lehrenden errichtet hat, die im Ersten Weltkrieg umgekommen sind.

Die Besichtigung des Schlossgartens lässt sich prima mit einem Besuch des Kieler Schlosses oder der Kunsthalle Kiel vereinen.

Das sollten Sie nicht verpassen!

DER SCHLAFSTRANDKORB

Wollten Sie schon immer einmal eine Nacht unter freiem Himmel verbringen und dabei auf so wenig Luxus wie möglich verzichten? Der Schlafstrandkorb am Strand in Heikendorf macht dies möglich. Sie schlafen unter freiem Himmel, das Wasser ist in unmittelbarer Sichtweite und die Sterne sind zum Greifen nah. Bei kaltem oder regnerischem Wetter kann das Verdeck individuell geschlossen werden, dabei wird der Panoramablick durch integrierte Fenster nicht beeinträchtigt.

Mit bloßem Auge lässt sich von hier der Friedrichsorter Leuchtturm und das Örtchen Laboe auf der anderen Uferseite erspähen. Sanitäranlagen finden Sie in nur 70 Meter Entfernung direkt am Strand. Auf Wunsch ist ein Hotelangebot zubuchbar. Dieses beinhaltet beispielsweise einen Frühstücksservice oder die Bereitstellung Ihres persönlichen Sicherheitsbeauftragten, damit Sie sich in Ihrer Nacht unter freiem Himmel nicht fürchten. An Komfort hat der Schlafstrandkorb einiges zu bieten. Auf einer Liegefläche von 1,20 Meter x 2,10 Meter finden Sie und Ihre Liebsten genügend Platz.

Auch für Kinder ist dies ein tolles Erlebnis. Für Ihr Gepäck sind genügend Staufächer vorgesehen, damit Ihre Nacht unter freiem Himmel so gemütlich wie möglich wird. Die Kosten für dieses einzigartige Erlebnis belaufen sich auf 64 Euro unter der Woche und 74 Euro am Wochenende für jede Nacht von Anfang Mai bis September. Genießen Sie das tolle Flair, die beste Lage an der Kieler Förde, die unverbaute Sicht auf das Wasser und beobachten Sie die vorbeifahrenden Schiffe aus nächster Nähe. Der Schlafstrandkorb in

Heikendorf ist für Klein und Groß eine Attraktion, an die man sich gerne zurückerinnert.

Hier finden Sie den Schlafstrandkorb:

Uferweg 2, 24226 Heikendorf

DAS MARINE-EHRENMAL UND DAS U-BOOT U995

Wenn Sie an der Kiellinie stehen und in nordöstlicher Richtung nach Laboe schauen, lässt es sich bereits entdecken: das Marine-Ehrenmal, ein brauner Turm, der über die Bäume hinweg ragt. Im 19 Kilometer entfernten Laboe angekommen, lässt sich auch das U-Boot U995 erkennen, welches am Strand direkt vor dem Marine-Ehrenmal liegt.

Das U-Boot 995 ist ein technisches, aber auch historisches Museum. Besucher erfahren hier, unter welchen Bedingungen Soldaten zur Zeit des Zweiten Weltkriegs lebten, bekommen aber auch mit mahnender Absicht das Leiden der Menschen zu dieser Zeit vermittelt. Das U-Boot ist bei Besuchern sehr beliebt, von denen Laboe bis zu 100000 pro Jahr zählt.

Das Marine-Ehrenmal, der vom Strand aus nach hinten gelagerte Turm, hat eine Höhe von 85 Metern, was erklärt, weshalb man ihn bereits von der Stadt Kiel und anderen Orten der Kieler Förde erkennen kann. Sie können wählen, ob Sie mit einem der zwei Fahrstühle oder zu Fuß über die 344 Stufen hinauf auf die Aussichtsplattform gelangen möchten. Von dort haben Sie einen einmaligen 360-Grad-Rundumblick. Bei guter Sicht können Sie von hier aus über die Ostsee hinweg bis zu den dänischen Inseln gucken. Auch die Fehmarnsundbrücke und die Hügellandschaft der Holsteinischen Schweiz sind zu erkennen.

Nach Ihrem Abstieg drehen Sie sich noch einmal aus etwas Entfernung zum Marine-Ehrenmal um. Wenn Sie auf der Landseite die Bauweise des Turms betrachten, fallen Ihnen sofort die eigenwillig aufsteigenden Linien in den Blick. Wie interpretieren Sie diese Form? Was wollte der Architekt mit dieser Bauart symbolisieren? Besucher vor Ihnen stellten Vermutungen wie ein U-Boot-Turm, ein Segel oder ein Schiffsbug an. Doch der Architekt Gustav August Munzer hatte eine andere, ganz eigene Auffassung. Für ihn zeigt das

Gebäude eine zum Himmel hinaufsteigende Flamme. Können Sie diese erkennen?

Hier finden Sie das Marine-Ehrenmal und das U-Boot U995:

Strandstraße 92, 24235 Laboe

DER NORD-OSTSEE-KANAL

Wie der Name bereits erahnen lässt, verbindet dieser Kanal die Nordsee mit der Ostsee. Er ist eine Attraktion, da er weltweit zu den am häufigsten befahrenen künstlichen Wasserstraßen gehört.

Der Ursprung des Kanals liegt im Jahre 1887. 1895 wurden die ersten kleinen Schleusen in Brunsbüttel und Kiel-Holtenau eröffnet. Wenige Jahre später, 1914, kam es in denselben Orten zur Eröffnung von großen Schleusen. Bis ins Jahr 1948 hinein trug er den Namen Kaiser-Wilhelm-Kanal. Erst mit Beendung der Kaiserzeit wurde er in Nord-Ostsee-Kanal umbenannt. Durch das hohe Schiffsaufkommen wurde der Kanal zweimal ausgebaut – erstmals von 1907 bis 1914 und das zweite Mal im Jahre 1965.

Der Nord-Ostsee-Kanal ist 98,26 Kilometer lang und misst eine elf Meter tiefe mittlere

Fahrrinne. Der zentrale Hafen liegt in Rendsburg, einer Stadt, die viele Attraktionen zu bieten hat und definitiv einen Besuch wert ist. Insgesamt verlaufen vier Brücken über den Kanal, die nicht nur vom Wasser aus sehenswert sind, sondern auch der Blick von den Brücken aus über den Kanal hinweg ist großartig. Das Passieren des Nord-Ostsee-Kanals kostet die Schiffe keine Gebühren. Wirtschaftlich ist er jedoch sehr bedeutend, da viele deutsche Seehäfen von ihm abhängig sind. Durch das hohe Schiffsaufkommen von rund 30000 Schiffen jährlich und die damit verbundene Arbeit an den Häfen wurden Arbeitsplätze für 500000 Menschen geschaffen.

Auch aus den Routen der Schiffe ist der Nord-Ostsee-Kanal nicht mehr wegzudenken. Die Passage durch den Kanal erspart den Schiffen je nach Start- und Zielhafen eine Strecke von 250 Seemeilen. Das entspricht etwa 460 Kilometern. Schiffe müssen so nicht mehr den Weg um die Kimbrische Halbinsel (Jütland) nutzen und gelangen schneller an Ihren Zielhafen. Damit sind nicht nur die Transporte schneller geworden, sondern auch Ressourcen werden gespart. Vergleicht man die heutige Fahrt durch den Nord-Ostsee-Kanal mit seinem Vorgänger, dem Eiderkanal, ist auffällig, dass das Passieren damals noch deutlich länger gedauert hat. Der Eiderkanal begann in Kiel und mündete in Rendsburg in die Eider. Das Befahren dauerte hier noch drei bis vier Tage, bei einer Wegstrecke, die nur halb so lang war wie die des heutigen Nord-Ostsee-Kanals. Wirtschaftlich und kulturell ist er also eine echte Bereicherung für Schleswig-Holstein.

Obwohl die Wasserstände in Nord- und Ostsee aufgrund von Gezeiten und Winden stark variieren, bleibt der Wasserstand im Nord-Ostsee-Kanal gleich, was aufgrund der geringen Tiefe von hoher Bedeutung ist. Dafür sorgen die Schleusen an den Mündungsstellen an Nord- und Ostsee, die auch für Touristen eine interessante Attraktion sind.

Eine weitere Besonderheit sind die vielen verschiedenen Landschaften Schleswig-Holsteins, an denen der Nord-Ostsee-Kanal entlangführt. Dazu zählen beispielsweise Marschlandschaften, der Geestrücken, das Flussbett der Eiderniederung und viele mehr. Entlang des Kanals lässt sich die schöne Natur sehen und spüren.

EXKURS: SEHENSWERTES ENT-LANG DES NORD-OSTSEE-KA-NALS

Die Gemeinde **Achterwehr mit dem angren-zenden Naturpark Westensee** ist ein tolles Aus-flugsziel für Natur- und Parkliebhaber. In der 1000-Einwohner-Gemeinde Achterwehr liegt das bekannte Versuchsgut für Pflanzenzüchtung der Universität Kiel. Der Naturpark Westensee hält auf fast 700 Hektar viele Seen mit Bademöglich-keiten, Moore und Hügel für tolle Wanderungen bereit. Außerdem ist die Region von bedeutungs-vollen Gütern und Herrenhäusern umgeben. Diese sind von sehenswerten Parkanlagen umge-ben. In den Räumen befinden sich Museen, die im-mer einen Besuch wert sind. Als besonders schön und eindrucksvoll hervorzuheben sind das Gut Emkendorf und das Gut Deutsch-Nienhof. Rad-fahrer sollten sich das Gut Steinwehr als Ziel oder Zwischenstopp einer Tour nicht entgehen lassen. Dort erwartet Sie ein Hofladen mit regionalen Produkten und ein Gartencafé, das zum Verweilen einlädt. Von Mai bis August kommen viele Gäste hierher, um Erdbeeren, Johannisbeeren, Himbeeren und Kirschen selber frisch zu ernten.

Die **Gemeinde Sehstedt** hat für jeden etwas zu bieten. Von Geschichte über Kultur bis hin zu natürlichen Energien erfährt in Seestadt jeder etwas Neues und Faszinierendes. Geschichtsliebhaber sollten sich das Rittergut, ein denkmalgeschütztes Gebäude aus dem 18. Jahrhundert, und das „Kleine Museum", welches die Ortsgeschichte vermittelt, nicht entgehen lassen. Wer wissenschaftlich interessiert ist oder sich weiterbilden möchte, der sollte den „Denker & Wulf Infopark" besuchen. Dieser befindet sich auf dem Windmühlenberg und thematisiert regenerative Energien. Auf dem Berg befinden sich außerdem ein Labyrinth, der Kugelgarten, das Haus des Windes und eine Aussichtsplattform. Hier findet also jeder, egal, ob Klein oder Groß, seinen Spaß.

Sehstedt ist auch bekannt für die zahlreichen Wohnmobilstellplätze am Ufer des Nord-Ostsee-Kanals. Hier befindet sich ebenfalls ein nettes Restaurant mit Außenterrasse.

Kunstliebhaber sollten sich die benachbarte Ortschaft **Büdelsdorf** nicht entgehen lassen. Hier erleben Sie, wie vielfältig Kunst sein kann. Besuchen Sie das Eisenkunstguss-Museum, die Carlshütte mit ihrem Skulpturenpark oder die immer im September stattfindende Kunstausstellung „NordArt".

Ein weiteres Ausflugziel ist die Obereiderseenlandschaft in **Schacht-Audorf**. Am Südufer des Nord-Ostsee-Kanals gelegen, beheimatet diese die Schwerindustrie und die Großwerft, was einen hohen wirtschaftlichen Profit für die Gemeinde darstellt. Auch hier befinden sich etwa 40 heißbegehrte Wohnmobilstellplätze, die durch ihre unverbaute Sicht auf die vorbeifahrenden Schiffe einfach einmalig sind.

Schacht-Audorf hat ebenfalls viele Märkte und Feste zu bieten, die über das Jahr verteilt stattfinden. Begonnen wird mit dem Maifest am 1. Mai, an dem feierlich der Handwerkerbaum eingerichtet wird, darauf folgt im September das Lichtfest, direkt am Nord-Ostsee-Kanal. Zur Beendung des Festjahres findet im November der Martinsmarkt statt.

Die Obereiderseen sind nicht nur durch ihre schöne Landschaft empfehlenswert, sondern auch schön zum Baden und Verweilen. Die besten Badeseen sind der Audorfer See und der Borgstedter See.

Eine Stadt als Hauptattraktion am Nord-Ostsee-Kanal, in der deutlich mehr Trubel herrscht und die zahlreiche Weltrekorde bereithält, ist **Rendsburg**. Mit 28000 Einwohnern unterscheidet sie sich deutlich in der Größe von den umliegenden Gemeinden. Da Rendsburg sowohl an der Eider als auch an dem Nord-Ostsee-Kanal liegt, geht hier die Geschichte der Schifffahrt weit zurück. Doch der Nord-Ostsee-Kanal war ausschlaggebend, um Rendsburg zum Seehafen und zu einer Werft zu machen.

Die Rendsburger Hochbrücke ist eine tolle Möglichkeit, den Blick einmal von oben auf die Stadt und den Kanal zu richten. Nicht nur ihr auffälliges Bauwerk macht sie zu einem Wahrzeichen, sondern auch ihre Einzigartigkeit als weltlängste reine Eisenbahnbrücke. Die Brücke ist 2500 Meter lang und 41 Meter hoch. Durch ihre Erbauung zwischen 1911 und 1913 wurde es für Eisenbahnen möglich, zwischen Neumünster und Flensburg über den Nord-Ostsee-Kanal zu verkehren. Ein weiteres einzigartiges Merkmal ist die Schwebefähre. Diese wird für den Transport von Menschen und Verkehrsmitteln über den Kanal genutzt. Einzigartig ist sie deshalb, weil von ehemals 20 Schwebebahnen heute nur noch acht weltweit funktionstüchtig sind.

Für Schiffsbegeisterte, aber auch alle anderen Schaulustigen ist die Schiffsbegrüßungsanlage empfehlenswert. Von zehn Uhr morgens bis zum Sonnenuntergang werden hier täglich die Nationalflaggen von den vorbeifahrenden Schiffen gehisst. Zusätzlich wird die Nationalhymne angespielt. Das sogenannte „Dippen" ist eine schöne Geste und definitiv einen Besuch wert.

Wer eine Stadtbesichtigung von Rendsburg unternehmen möchte, der sollte der „blue line", einer blauen Linie auf dem Boden folgen. Diese führt Sie durch die Innenstadt und vorbei an 30 Sehenswürdigkeiten. Entlang der „blue line" brauchen Sie keinen Reiseführer mehr und Sie brauchen auch keine Angst haben, sich in der Stadt zu verlaufen.

Wer einem weiteren Weltrekord auf der Spur sein möchte, sollte sich einmal auf die längste Bank der Welt gesetzt haben. Sie ist 527 Meter lang und wirkt in echt noch gigantischer als auf Fotos. Ihre Lage befindet sich ebenfalls am Nord-Ostsee-Kanal. Auch der weltweit längste Fußgängertunnel ist hier zu finden. Rendsburg ist also eine vielseitige Stadt, in der zahlreiche Weltrekorde auf Sie warten.

Kurztrip: 1, 2 oder 3 Tage in Kiel

Information:
Dieser Vorschlag für einen ein- bis dreitägigen Aufenthalt in Kiel führt Sie zu verschiedensten Orten und lässt Sie Kiels Vielfältigkeit erleben. Die Tage sind in ihrer Reihenfolge variierbar und auch die Verkehrsmittel lassen sich verändern. Wer statt des Fahrrads oder zu Fuß lieber mit dem Bus fahren möchte, findet in allen Gebieten Busse der KVG, die innerhalb Kiels verkehren. Auch an der Außenförde fahren stündlich Busse. Die Fährfahrpläne variieren je nach

Jahreszeit. Im Sommer werden deutlich mehr Anleger angefahren als im Winter. Bitte informieren
Sie sich vorher zu den Angeboten in Ihrer Reise-
zeit unter www.sfk-kiel.de.

Viel Spaß bei Ihrem Aufenthalt in Kiel!

Anreise für Tagesausflügler:
Ausgangspunkt für Ihren Tag in Kiel ist der Vor-
platz des Kieler Hauptbahnhofs. Hier kommen Sie
an, wenn Sie mit dem Zug nach Kiel reisen. Auch
eine Anreise mit dem PKW ist möglich. Das Parkhaus ZOB Kiel liegt in unmittelbarer Nähe. Die
Endstation des Flughafen-Shuttles „Kielius" ab
Hamburg ist ebenfalls der Hauptbahnhof Kiel.

TAG 1: INNENSTADT

Zum Start Ihrer Tour gehen Sie vom Bahnhof aus
nach Westen. Vor Ihnen befindet sich das Einkaufszentrum **„Sophienhof"**. Sie können entscheiden, ob Sie durch die Passage hindurch oder
auf der Straße „Sophienblatt" in Richtung Holstenstraße gehen möchten. An der **Holstenstraße** angekommen, befinden Sie sich bereits in Kiels
schönster Fußgängerzone. An der Kreuzung

Holstenstraße/Fleethörn halten Sie links. Sie gelangen auf den Rathausplatz mit tollem Blick auf das **Rathaus**. Wenn Sie Lust haben, können Sie für einen kleinen Obolus auf die 67 Meter hohe Aussichtsplattform des Rathausturms hinauffahren, von wo aus Sie eine tolle Sicht über die gesamte Stadt, den Kieler Hafen und die Förde haben. Der 106 Meter hohe Turm gilt als Symbol für Selbstbewusstsein. Im Turm selber befindet sich das Stadtarchiv, in dem Sie die Möglichkeit haben, die Geschichte Kiels zu erfahren. Im Innenraum ist noch ein alter Paternoster in Betrieb. Das ist ein Personen-Umlaufaufzug, der heute nur noch selten zu sehen ist. Der angrenzende **Hiroshimapark** mit dem anschließenden Gewässer „**Kleiner Kiel**" in nordwestlicher Richtung ist ein toller Platz zur Erholung und ein beliebter Ort zum Fotografieren.

Zurück auf der Holstenstraße gelangen Sie an den Bootshafen. Im Sommer finden dort klangvolle Veranstaltungen statt. Hier gibt es die Möglichkeit, zu verweilen oder sich zu stärken. Die Holstenstraße endet wenig später an dem „Alten Markt" mit der **Nikolaikirche**, welche für einen Besuch offensteht. Sie zählt zu den ältesten

Gebäuden Kiels und gilt heute als Hauptkirche der Evangelisten. Der aus der Gotik stammende Hallenbau aus dem Jahre 1242 wurde ab 1877 mit einer neuen Fassade im ebenfalls gotischen Stil versehen. Heute ist davon nichts mehr zu sehen, da die Kirche im Zweiten Weltkrieg fast vollständig zerstört wurde. Ab 1950 wurde mit dem Wiederaufbau begonnen, welcher durch neue Stabilitätseinflüsse geprägt wurde. Besonders sehenswert sind die im Innenraum vorhandenen, über die Kriege hinaus erhaltenen Gegenstände, wie beispielsweise der Flügelaltar, die Kanzel oder die Bronzetaufe. Diese stammen allesamt aus den Jahren zwischen 1344 und 1705. Außerdem verfügt die Kirche über drei Orgeln. Vor dem Eingang der Kirche befindet sich der „Geistkämpfer". Er soll symbolisieren, dass der Geist über das Böse siegt. Die Nazis haben diese Skulptur als entartetes Kunstwerk entfernt. 1945 wurde sie jedoch wieder aufgebaut und trägt heute eine hohe Bedeutung.

Wenn Sie nun weiter auf der Schloßstraße entlang gehen, kommen Sie auf direktem Weg zum **Kieler Schloss**. Das durch den Zweiten Weltkrieg komplett zerstörte Schloss diente als Nebenresidenz für die Gottorfer Herzöge. Durch die starke Zerstörung konnte es nicht wieder aufgebaut werden. Das Schloss wurde neu gebaut und beherbergt heute verschiedene Bereiche, wie die Landesbibliothek und ein Studio des NDRs.

Durch den Prinzengarten können Sie hinüber in den **Schlossgarten** gehen. Die schöne Parkanlage ist nicht nur wegen ihrer blühenden Blumenfelder einen Besuch wert, sondern auch wegen des tollen Blickes auf die Kieler Förde. Hier ist für Interessierte ein Besuch der **Kieler Kunsthalle** oder des Skulpturengartens möglich. Über eine Brücke gehen Sie hinunter an die Kiellinie. Wenn Sie Glück haben, können Sie von der Brücke aus, die Kreuzfahrtschiffe bestaunen, die Kiel täglich erreichen. Auch auf den Gesichtern der Kinder ist ein Staunen beim Anblick der riesigen Schiffe vorprogrammiert.

Am Ende der Brücke angekommen, befinden Sie sich an Kiels schönster Fördepromenade, der **Kiellinie**. Auf knapp zwei Kilometern verkehrsberuhigtem Bereich können Sie hier den Blick auf die Förde, die Ruhe und das Meeresrauschen genießen. Wer Lust auf eine kleine Stärkung hat, sollte ein Eis bei „Zantopps" probieren. Hier ist die Portion nicht nur groß, sondern auch total lecker.

Egal, ob ein Eis auf die Hand oder ein leckerer Milchshake im Strandkorb nebenan, „Zantopps" ist einfach einen Zwischenstopp wert. Wenige Schritte weiter befindet sich das **Seehund-Aquarium** des GEOMAR Aquariums. Hier können Sie Seehunde im Außenbecken beobachten oder bei einer Fütterung zuschauen. Informationstafeln geben Auskunft über die Lebensweisen der Seehunde. Für Jung und Alt ist es eine tolle Attraktion. Etwas weiter ist auf der linken Seite der **Schleswig-Holsteinische Landtag** zu sehen. Wer danach Lust auf etwas Deftiges bekommt, der kann sich ein leckeres Kieler Fischbrötchen an der „Kombüse Fischbrötchen" am Ende der verkehrsberuhigten Kiellinie holen oder eines der zahlreichen Restaurants aufsuchen. Eins ist Ihnen hier in jedem Restaurant garantiert: Der einzigartige Meerblick!

An der Reventloubrücke können Sie sich nun ein Fahrrad der SprottenFlotte mieten. Für eine halbe Stunde ist die Fahrt kostenlos. In dieser Zeit gelangen Sie über die Reventlouallee an die schöne Holtenauer Straße. Hier entlang fahren Sie zur Muthesius Kunsthochschule, wo Sie Ihr Fahrrad abstellen können. Einmal über die Straße gehuscht, kommen Sie auf direktem Weg in den **Schrevenpark**. Der Park ist sehr groß und einfach nur schön. In der Mitte des Parks ist ein Teich, das Zuhause von Enten und Gänsen, die Ihnen bei einem Besuch gerne mal über den Weg laufen. Zahlreiche Bänke und Liegewiesen laden zum Entspannen und Verweilen ein. Für Kinder gibt es hier einen Spielplatz. Durch Kiels Gassen gelangen Sie an den Knooper Weg, der Sie in südlicher Richtung zum **Exerzierplatz** führt. Hier findet mehrmals in der Woche ein großer Wochenmarkt mit saisonalen und regionalen Produkten statt.

Weiter in Richtung Förde kommen Sie an der **Wunderino-Arena** vorbei. Hier finden Veranstaltungen vieler Art, wie beispielsweise Konzerte, Handballspiele oder Reitsportvorstellungen, statt. Auf 5000 Quadratmetern Fläche haben 13500 Zuschauer Platz, um sich die Darbietungen anzuschauen.

Über Ziegelteich und Kaistraße kommen Sie an die Kieler Förde. Von der **Hörnbrücke** aus lassen sich die großen Fähren der Stena Line und Color Line bestaunen. Auf der anderen Seite der Brücke befindet sich der Stadtteil Gaarden. Im von der

Brücke aus sichtbaren **Germaniahafen** liegen Segelschiffe, die hier bestaunt werden können. Mit einem tollen Blick über Kiels Anbindung an die Ostsee endet ein aufregender Tag in Schleswig-Holsteins Landeshauptstadt Kiel. Für ein gemütliches Abendessen stehen Ihnen hier verschiedene Restaurants zur Verfügung. Suchen Sie sich eins aus und genießen Sie den Sonnenuntergang an der Kieler Förde.

TAG 2: OSTUFER

Direkt am Ursprungspunkt der Kieler Förde startet der 30 Kilometer lange Fördewanderweg, der Sie einmal am gesamten Ostufer Kiels entlangführt. Es ist Ihnen selbst überlassen, ob Sie lieber wandern oder den Weg mit dem Fahrrad fahren möchten. Er ist für beide Möglichkeiten ausgebaut. Lockend sind hier der ständige Ostseeblick und das Passieren zahlreicher Strände des Ostufers.

Startpunkt ist das Color-Line-Terminal nahe der Hörnbrücke. Von hier aus gehen Sie nordwärts Richtung Mönkeberg. Dort befindet sich ein kleiner Yachthafen und der Juliusturm. Ihr Weg verläuft weiter nach Heikendorf, wo Sie einen schönen Sandstrand vorfinden, der zu einer kurzen Pause oder einer kühlen Erfrischung im Meer einlädt. Auch der Fischereihafen ist nicht weit vom Strand, wo Sie sich in den Hafenrestaurants stärken können. In Heikendorf liegt die engste Stelle der Kieler Förde, an der das U-Boot-Ehrenmal als Gedenkstätte platziert ist, welche zu einem Abstecher einlädt. Ihr Weg führt weiter in den Kurort Laboe. Hier können Sie vom Marine-Ehrenmal einen Blick auf Ihren Startort in Kiel werfen oder das U-Boot U995 besichtigen. Die letzte Etappe des Wanderweges zum Schönberger Strand führt auf einem Deich entlang. Am Ziel angekommen, können Sie sich die Seeluft auf der Seebrücke um die Nase wehen lassen oder die traditionelle Museumsbahn besichtigen.

Wer den Rückweg nach Kiel nicht mehr mit eigener Kraft zurücklegen möchte, der kann mit dem Bus zurückfahren. Wer lieber mit der Fähre fahren möchte, der sollte zurück nach Laboe, um dort in die Förde-Fährlinie F1 nach Kiel einzusteigen. Fahrräder können in beiden Nahverkehrsmitteln transportiert werden.

TAG 3: WESTUFER

Eine Fahrradtour über den Nord-Ostsee-Kanal? Das muss man in Kiel gemacht haben. Dieser wird auf direktem Weg in etwa sieben Kilometern erreicht. Schöner ist jedoch der Weg entlang der Kiellinie, die sich bis zum Kanal erstreckt. Die Fahrt über die Brücke des Nord-Ostsee-Kanals ist einfach einmalig. Der weite Blick über die Förde auf der einen und den Kanal auf der anderen Seite ist einfach einmalig. Wer Höhenangst hat, sollte hier lieber nicht nach unten schauen, denn bei der Höhe kann einem schon mal schwindelig werden. Auf weiteren sieben Kilometern geht es weiter zum Leuchtturm Friedrichsort.

Dieser liegt auf einer vorgelagerten kleinen Insel des Falkensteiner Strandes. Hier beginnt nun Ihr Strand- und Badetag oder Sie spazieren an den Dünen entlang und bestaunen die friedliche Natur, die sich hier in ihrer vollen Pracht entfaltet. Egal, ob eine Stärkung zur Mittagszeit oder ein gemütliches Abendessen, in der „Deichperle" können Sie den Tag mit Blick auf den Strand, das Meer, den Leuchtturm und die vorbeifahrenden Schiffe Revue passieren lassen. Den Rückweg können Sie entweder mit dem Fahrrad fahren oder am Fähranleger Friedrichsort in die Förde-Fährlinie F1 einsteigen und zurück nach Kiel fahren.

Als kleiner Tipp am Rande: Auch mit In-line-Skates ist der Weg zum Strand toll zu fahren.

HOTELTIPPS FÜR IHREN AUFENTHALT

Atlantic Hotel Kiel

➢ von der Dachterrasse haben Sie einen atemberaubenden Blick über die Kieler Förde

Maritim Hotel Bellevue Kiel

➢ weiter Blick aus den Zimmern und unmittelbare Nähe zur Forstbaumschule

Flämischer Hof

➢ zentral in der Altstadt Kiels gelegen

Insider-Tipps ...

... FÜR KUNSTLIEBHABER

Die Kunsthalle zu Kiel ist ein tolles Ausflugsziel für alle, die gerne zeichnen, Inspiration und neue Ideen suchen oder sich einfach beeindrucken lassen wollen. Mit ihrer einzigartigen Lage finden Sie die Kunsthalle direkt an der Kieler Förde, angrenzend an den Schlossgarten, in welchem Sie durch den Skulpturengarten bereits einen Vorgeschmack bekommen, was Sie in der Kunsthalle erwartet. Dort finden Sie Außenskulpturen von Künstlern wie Per Kirkeby und vielen mehr.

Die Kunstwerke, die Sie hier in der Kunsthalle finden, sind größtenteils der Kunst des 19. Jahrhunderts, dem Expressionismus und der internationalen Gegenwartskunst zuzuordnen. Wem der Skulpturengarten Lust auf mehr gemacht hat, findet die Antikensammlung im Erdgeschoss der Kunsthalle. Außerdem gibt es ein Angebot an wechselnden Sonderausstellungen. Informieren Sie sich vor Ort oder online über das bestehende Angebot.

Seit 1971 ist die Kunsthalle Teil der Christian-Albrechts-Universität zu Kiel. Zuvor war hier der Schleswig-Holsteinische Kunstverein ansässig. Studenten bekommen die Möglichkeit, Aufgaben vor Originalen zu absolvieren und dabei Erfahrungen zu sammeln. Außerdem können sie in den verschiedenen Arbeitsbereichen Museumsluft schnuppern. Darüber hinaus bietet die Kunsthalle die Möglichkeit für Tagungen oder zum Austausch wissenschaftlichen Hintergrundes an.

Das Gebäude hat eine lange Geschichte hinter sich. So wie Sie es heute sehen, ist es von den Einflüssen zahlreicher Architekten über viele Jahre hinweg geprägt. Die Grundidee schafft der Architekt Georg Thür, welche von Georg Lohr weiterentwickelt wird. Daraufhin wird 1909 die Kunsthalle zum ersten Mal am Düsternbrooker Weg eröffnet. Durch den Zweiten Weltkrieg wird das

Gebäude stark beschädigt, sodass Besuche nicht mehr möglich sind. Erst 1958 wird es erneut für Interessierte geöffnet.

Diethelm Hoffmann legt Anfang der 1980er Jahre Entwürfe für eine Erweiterung des Gebäudes vor, in der seit 1986 weitere Ausstellungen und die Fachbuchsammlung ihren Sitz gefunden haben. 2012 wurde ein neuer Eingangsbereich aus Glas geschaffen, der durch die erhöhte Lage einen tollen Blick auf die Kieler Förde bietet. August Gaul hat bereits vor Kriegszeiten Wisente entworfen, die den Krieg überstanden und heute die Besucher auf dem Treppenaufgang vor dem Glasfoyer der Kunsthalle begrüßen.

Einen bedeutenden Schritt zur Erbauung der Kunsthalle schuf Charlotte Friederike Dorothea Hegewisch, die von 1822 bis 1903 in Kiel lebte und Mitglied im Kunstverein Schleswig-Holsteins war. Als sie von dem Bestreben der Errichtung einer Kunsthalle hörte, überließ sie ihr Anwesen der Universität. In ihrem Testament forderte sie dazu auf, an diesem Ort eine Kunsthalle zu errichten. Daraufhin eröffnete 1909 die Kunsthalle auf Hegewischs ehemaligem Besitz.

Wer also Lust auf kreative Stunden an einem magischen Ort voller Kunst interessierter Energie hat, sollte sich sein Skizzenbuch nehmen und eine angenehme Zeit in der Kunsthalle Kiel verbringen.

... FÜR MUSIK- UND TANZFANS

Auf einer Fläche direkt an der Kiellinie treffen sich regelmäßig Tanzbegeisterte, um gemeinsam ihrer Leidenschaft nachzugehen. Die bunte, kreativ gestaltete Steinschlange begrenzt die Tanzfläche am Düsternbrooker Weg 29 passend zum maritimen Flair. Wer glaubt, dass hier nur alte Seemannstänze gelehrt werden, täuscht sich. Hier trifft sich alles, was das Tanzherz begehrt, von Salsa über Lindy Hop und Tango bis hin zu Bachata und Kizomba. Für jeden ist etwas dabei! Egal, ob Sie gerade erst anfangen, ein fortgeschrittener Tänzer sind oder einfach nur Spaß daran haben, kommen Sie vorbei und tanzen Sie im Sonnenuntergang oder bei bester Sicht auf das Meer und die vorbeifahrenden Schiffe. Für Schaulustige gibt es Bänke mit Sicht auf das Meer. Nutzen Sie Ihre Chance und machen Sie Ihren nächsten Tanz zu einem einmaligen Erlebnis an einem sonnigen Ort unter freiem Himmel!

... FÜR BOTANIK- UND FOTOGRAFIEBEGEISTERTE

Wer sich für Pflanzen in ihrer vollen Pracht interessiert, der sollte sich den Botanischen Garten nicht entgehen lassen. Er ist eine wissenschaftliche Einrichtung der Universität Kiel. Auf einer acht Hektar großen Fläche findet man sieben Gewächshäuser mit über 14000 verschiedenen Pflanzenarten. Auf einer Wegstrecke von zehn Kilometern durchqueren Sie einmal alle Landschaftszonen unserer Erde, von heimischen Mooren und Dünen bis hin zu fremden Tropengebieten und Hochgebirgen.

Die Geschichte des heutigen Botanischen Gartens geht bis in das 17. Jahrhundert zurück. Im Jahre 1669 wurde der Garten von Johann Daniel Major, Professor für theoretische Medizin und Botanik, angelegt. An seinem ersten Standort im Schlossgarten diente er noch als „Hortus Medicus", also als Apothekergarten, der Pflanzen beherbergt, die zur Herstellung von Arzneimitteln genutzt werden. Nach mehreren Umzügen befindet sich der Botanische Garten heute an seinem fünften Standort, auf dem Campus der Christian-Albrechts-Universität zu Kiel. Er steht im internationalen Austausch mit anderen Gleichartigen der Welt.

Für Sie ist der Garten das ganze Jahr über kostenlos geöffnet. Wer möchte, kann eine Führung buchen oder alleine nach eigenem Interesse das Gebiet erkunden. Wer trotzdem nicht auf die wissenswerten Informationen verzichten möchte, kann sich die Heftreihe „Auf eigene Faust durch den Botanischen Garten" besorgen und seine Erkundungstour starten. Hunde sind hier leider nicht erlaubt.

Auf dem vierten Standort des Botanischen Gartens am Schwanenweg befindet sich seit 1884 der „Alte Botanische Garten". An diesem Ort der Erholung finden Sie auf knapp drei Hektar Fläche alte Bäume und prachtvolle Pflanzungen. Arten wie Küstenmammutbäume, Ginkgobäume oder 20 Meter hohe Sumpfzypressen warten hier auf Ihren Besuch. Auf dem höchsten Punkt des Gartens befindet sich ein Pavillon, dessen Dach eine Krone formt. Von hier haben Sie einen tollen Blick über die grüne Umgebung und auf die nahe gelegene Kieler Förde. Das Topfhaus direkt neben dem Pavillon ist ein Überrest der ehemaligen Gewächshäuser und dient heute als Veranstaltungsort für Vorträge. Es zählt als ein Denkmal der Baugeschichte. Auch das ehemalige Haus des Bauinspektors ist erhalten und dient seit 1998 als Literaturhaus.

Die einzigartige Farbenpracht ist nicht nur für das bloße Auge eine Attraktion, sondern auch für Fotografen ein tolles Gebiet für neue Fotos mit tollen Mustern und Lichteffekten.

... FÜR BIOLOGEN UND SOLCHE, DIE ES WERDEN WOLLEN

Das Zoologische Museum an der Hegewischstraße 3 in 24105 Kiel hält tolle Ausstellungen mit Tieren aus den unterschiedlichsten Zeiten für Sie bereit. Auch die kleinen Interessierten können bei insgesamt 400000 Objekten Originalpräparate entdecken, die über drei Jahrhunderte alt sind. Neben Tieren aus der Tiefsee sind hier auch Wale aus der Region ausgestellt. Durch die Ausstellungen wird das Leben auf unserer Erde archiviert und für alle

Generationen erfahrbar gemacht. Fragen, die man sich schon immer über Lebewesen fremder Orte und Zeiten gestellt hat, werden hier beantwortet. Kinder können Tiere, die sie zuvor nur aus Büchern kannten, vermeintlich echt erleben. Erkenntnisse aus der Forschung zur Evolution und in unseren Meeren werden hier vermittelt. In Zusammenarbeit mit der Christian-Albrechts-Universität zu Kiel werden hier Praktika in der Forschung angeboten. Wer sich auf den Weg hierher macht, sollte unbedingt das Gebäude von außen auf sich wirken lassen. Es zählt zu einem der schönsten Gebäude Kiels.

Tipp:
Wenn sich auch hier der eine oder andere Kunstliebhaber befindet, versuchen Sie doch mal, die Tiere zu zeichnen. Oft erfährt man die Tiere so viel näher und aus der Form heraus.

Fazit

Wenn man überlegt, was Kiel für bekannte Sehenswürdigkeiten hat, fallen einem auf Anhieb keine ein. Hört man Paris, denkt man sofort an den Eiffelturm. In Pisa steht der schiefe Turm, in Berlin das Brandenburger Tor und in Rom das Kolosseum. Kiel ist eine Stadt am Wasser, eine Hafenstadt. Daher kennt man sie und deshalb möchte man dorthin. Hier laufen täglich so viele Schiffe ein und aus, mit tausenden Personen an Bord. Der Nord-Ostsee-Kanal in direkter Nähe sorgt für ein noch höheres Schiffsaufkommen, macht Kiel aber auch zu einer international bekannten Metropole.

Eine Fördepromenade mitten in der Stadt, ohne dass der Trubel und das Brummen der Autos zu hören ist? Das klingt nach Ruhe und Erholung! Naturbelassene Strände in unmittelbarer Stadtnähe? Das ist Kiel! Bei Ihrem Städtetrip nach Kiel kommt der Genuss definitiv nicht zu kurz! Für wen das langweilig klingt, der kommt einfach zur Kieler Woche, denn die sollte wirklich niemand verpassen! Ein Aufenthalt in Kiel ist einzigartig, denn eine Stadt wie diese findet man nirgends auf der Welt, nur im hohen Norden Deutschlands an der Kieler Förde. Auf ein baldiges Moin! Wir sehen uns!

Herstellung und Verlag:
BoD – Books on Demand, Norderstedt
ISBN: 9783756817344

© Mareike Raum 2022
1. Auflage
Kontakt: Psiana eCom UG/ Berumer Str. 44/ 26844 Jemgum
Covergestaltung: Fenna Larsson
Coverfoto: depositphotos.com